我想静静

一本平复内心的涂色书

〔英〕佩萱丝·科斯特 主编

北京联合出版公司
Beijing United Publishing Co.,Ltd.

本书介绍

涂色是一门很有用的放松技巧，它能帮助你进入到一个自由的状态。《我想静静》涂色书包含了大量曼陀罗等抽象的图案，用来抚慰心灵和愉悦感官。它能把你带到冥想中安逸平静的世界。

曼陀罗是"神圣之花"，它们象征着和谐、整体性和愈合。经大量研究表明，曼陀罗涂色能够启动积极情绪，减少焦虑情绪，对心理有一定的治疗作用。绘者在涂色时能体验到平静、满足和爱，并能发挥自己的想象力创作出美丽的艺术品。

所以，把你的烦恼抛开，拿起蜡笔和铅笔，听从心灵的指引吧！你将会获得内心的安宁与力量。

幸福的色彩！

艺术的伟大意义，

基本上在于它能显示人的真正感情、

内心生活的奥秘和热情的世界。

——文学家罗曼·罗兰（法国）

战争是惩罚，和平是赏赐。

一切羞愧的梦源于撒旦。

我的灵魂，朴素如梅子的核。

——诗人辛波丝卡（波兰）

我看最卑微的花朵都有思想，

深藏在眼泪达不到的地方。

——诗人华兹华斯（英国）

或许你会想起我，

像想起一朵永不重开的花朵。

——诗人叶赛宁（俄国）

为何，我们以这么多不必要的恐惧与忧伤，

对待飞逝的时光？

日子不会驻留，这是它的天性：

今天一再逝去，成为明天。

——诗人辛波丝卡（波兰）

我的心与大海相似，

有风暴也有潮汐，

但许多美丽的珍珠，

就藏在海底。

——诗人海涅（德国）

心灵是一个特别的地方，

在那里可以把天堂变地狱，

把地狱变天堂。

——诗人约翰·弥尔顿（英国）

如果你渴望得到某样东西，你得让它自由，

如果它回到你身边，它就是属于你的，

如果它不会回来，你就从未拥有过它。

——作家亚历山大·仲马（法国）

思想是天空中的鸟，在语言的笼里，

也许会展翼，却不会飞翔。

——诗人纪伯伦（黎巴嫩）

奈何一个人随着年龄增长，

梦想便不复轻盈，

他开始用双手掂量生活，

更看重果实而非花朵。

——诗人叶芝（爱尔兰）

对于世界而言，你是一个人；

但是对于某个人，你是他的整个世界。

——作家玛格丽特·米切尔（美国）

快乐的秘密并不在于寻求更多想要的，

而是在于培养清心寡欲的能力。

——哲学家苏格拉底（希腊）

从我的手心拿去一点蜂蜜，

一个小小的太阳，好安慰你的心，

———诗人曼德尔施塔姆（俄国）

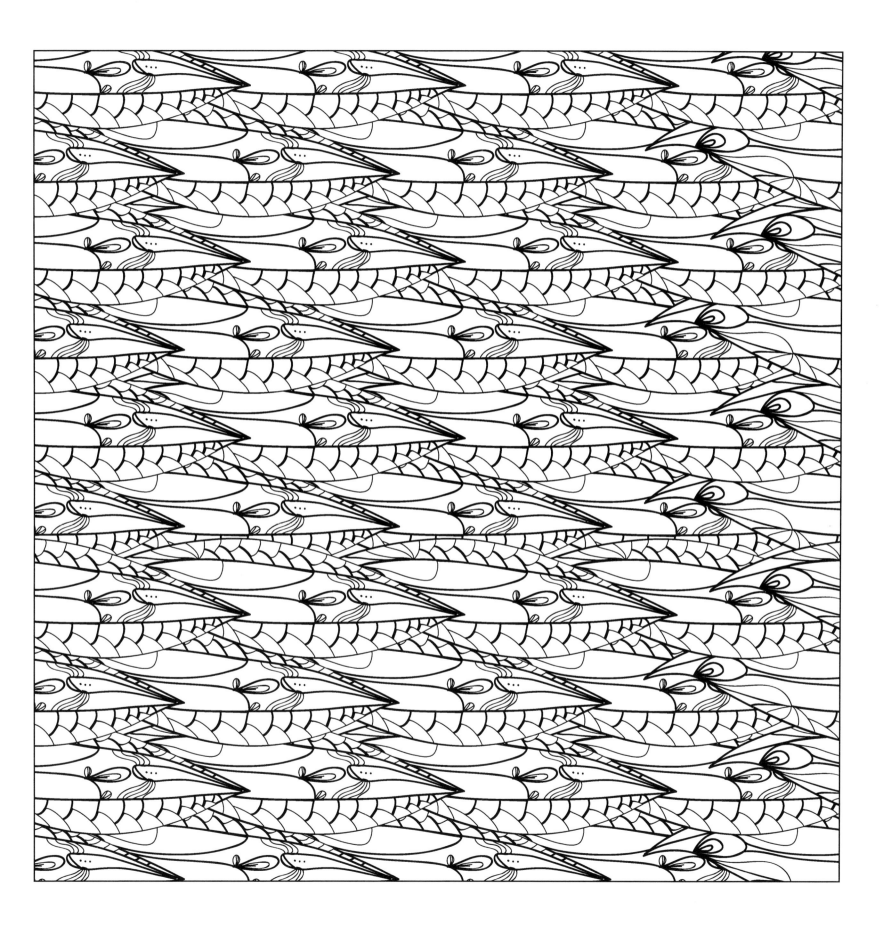

我坚信你在远方，你走路的样子像蒲公英，

妙曼轻盈。 我坚信你在村庄，

我熟悉你淳朴味道，弥漫村野。

我穿过一座座村庄，流泪却不悲伤。

——诗人聂鲁达（智利）

如若尘世将你遗忘，

对沉静的大地说：我流动。

对迅疾的流水言：我在。

————诗人莱纳·玛利亚·里尔克（奥地利）

美就是被背弃的世界。

只有当迫害者误将它遗忘在某个角落时，

我们才能与它不期而遇。

———小说家米兰·昆德拉（捷克）

幸福永远在我们所能达到的地方。

我们只须伸出手去，就可捉住它的。

——作家乔治·桑（法国）

不要走在我后面，因为我可能不会引路；

不要走在我前面，因为我可能不会跟随；

请走在我的身边，做我的朋友。

——小说家阿尔贝·加缪（法国）

人的一生就应该像一条河，开始是涓涓细流，

被狭窄的河岸所束缚，

然后，它激烈地奔过巨石，冲越瀑布。

渐渐地，河流变宽了，两边的堤岸也远去，

河水流动得更加平静。

最后，它自然地融入了大海，

并毫无痛苦地消失了自我。

——哲学家罗素（英国）

我永恒的灵魂，注视着你的心，

纵然黑夜孤寂，白昼如焚。

——诗人阿尔蒂尔·兰波（法国）

_____

_____

_____

_____

_____

_____

_____

每个圣人都有不可告人的过去，

每个罪人都有洁白无瑕的未来。

——作家奥斯卡·王尔德（英国）

有自信心的人，

可以化渺小为伟大，

化平庸为神奇。

——剧作家萧伯纳（爱尔兰）

与其在意别人的背弃和不善，

不如经营自己的尊严和美好。

——Chanel 品牌创始人可可·香奈儿（法国）

我宁愿是燃烧过后的灰烬，

也不愿作地上的尘土。

——作家杰克·伦敦（美国）

名字代表什么？我们所称的玫瑰，

换个名字还是一样芳香。

——诗人莎士比亚（英国）

世界上最宽阔的东西是海洋，

比海洋更宽阔的是天空，

比天空更宽阔的是人的心灵。

——作家维克多·雨果（法国）

人不应该是插在花瓶里供人观赏的静物，

而是蔓延在草原上随风起舞的韵律。

生命不是安排，而是追求，

人生的意义也许永远没有答案，

但也要尽情感受这种没有答案的人生。

——作家弗吉尼亚·伍尔芙（英国）

你所追求的世界，

永远不是你现在所拥有的世界。

——作家索尔·贝娄（美国）

他以知性的诚实消解了一切自我慰藉的基础，

使自己远离俗丽而无价值的戏剧化的

解悟和忏悔。

——作家 J.M. 库切（南非）

以前我们总是仰望天空，

恼怒地乜斜物质的淤泥浊水；

现在我们却俯视大地，

并在大地的印证下相信上天。

————哲学家翁贝托·埃科（意大利）

时间流逝的目的只有一个：

让感觉和思想稳定下来，成熟起来，

摆脱一切急躁或者须臾的偶然变化。

——作家伊塔洛·卡尔维诺（意大利）

所有漂泊的人生都梦想着平静、

童年、杜鹃花，

正如所有平静的人生都幻想伏特加、

乐队和醉生梦死。

.——作家弗朗索瓦丝·萨冈（法国）

人们只在梦中生活，

唯有哲人挣扎着要觉醒过来。

——哲学家柏拉图（希腊）

女人最可悲的不是年华老去，

而是在婚姻和平淡生活中的自我迷失。

女人可以衰老，但一定要优雅到死，

不能让婚姻将女人消磨得失去光泽。

——电影演员苏菲·玛索（法国）

在你的人生中永远不要打破四样东西：

信任、关系、诺言和心。

因为当它们破了，

是不会发出任何声响，

但却异常痛苦。

——小说家狄更斯（英国）

那种令人心向往之的逃离，

存在于每个人的意念之中。

——作家舍伍德·安德森（美国）

才能是在寂静中造就，

而品格则是在世间汹涌波涛中形成。

——作家歌德（德国）

你失掉的东西越多，

你就越富有：

因为心灵会创造你所缺少的东西。

——文学家罗曼·罗兰（法国）

世间最珍贵的不是"得不到"和"已失去",

而是现在能把握的"幸福"。

——哲学家苏格拉底（希腊）

我将不停地行走，不停地歌唱。

因为这是我自己的歌吟，我自己的诗章。

——诗人叶芝（爱尔兰）

幸福就是一双鞋，

合不合适只有自己一个人知道。

——作家亚历山大·仲马（法国）

所有随风而逝的都属于昨天的，

所有历经风雨留下来的才是面向未来的。

——作家玛格丽特·米切尔（美国）

爱，除了自己，既不给予，也不索取；

爱，既不占有，也不被任何人占有；

爱，仅仅满足于自己而已。

——诗人纪伯伦（黎巴嫩）

人永远都无法知道自己该要什么，

因为人只能活一次，

既不能拿它跟前世相比，

也不能在来生加以修正。

——小说家米兰·昆德拉（捷克）

照耀人的唯一的灯是理性，

引导生命于迷途的唯一手杖是良心。

——诗人海涅（德国）

当美的灵魂与美的外表和谐地融为一体，

人们就会看到，这是世上最完善的美。

——哲学家柏拉图（希腊）

当华美的叶片落尽，

生命的脉络才历历可见。

——诗人聂鲁达（智利）

我们一直寻找的，却是自己原本早已拥有的；

我们总是东张西望，唯独漏了自己想要的，

这就是我们至今难以如愿以偿的原因。

——哲学家柏拉图（希腊）

学会以最简单的方式生活，

不要让复杂的思想破坏生活的甜美。

——诗人约翰·弥尔顿（英国）

如果你继续去寻找幸福是由什么组成的，

那你永远不会找到幸福。

如果你一直在找人生的意义，

你永远不会生活。

——小说家阿尔贝·加缪（法国）

生命的黎明是乐园，

青春才是真正的天堂。

——诗人华兹华斯（英国）

能把自己的生命寄托于他人记忆中，

生命仿佛就加长一些。

光荣是我们获得的新生命，

其珍贵，实不下于天赋的生命。

——思想家孟德斯鸠（法国）

以往，如果我没有记错，

我的生命曾是一场盛宴。

在那里，所有的心灵全都敞开，

所有的美酒纷纷溢出来。

——诗人阿尔蒂尔·兰波（法国）

他流动的不是血液，而是忘川的绿水。

——诗人夏尔·皮埃尔·波德莱尔（法国）

应该像一只鸟儿那样轻盈，

而不是像一根羽毛。

——诗人保尔·瓦雷里（法国）

青春的梦想，是未来真实的投影。

——诗人约翰·济慈（英国）

我对生活中的一切，

都是在诀别时才喜爱，

而不是与之相逢时；

都是在分离时才喜爱，

而不是与之相融时。

——诗人茨维塔耶娃（俄国）

为生命画一片树叶，只要心存相信，

总有奇迹发生，虽然希望渺茫，

但它永存人世。

——作家欧·亨利（美国）

不幸，是天才的进身之阶；

信徒的洗礼之水；

能人的无价之宝；

弱者的无底之渊。

——作家巴尔扎克（法国）

优雅是唯一不会褪色的美。

——电影演员奥黛丽·赫本（英国）

图书在版编目（CIP）数据

我想静静 / (英) 科斯特主编.
—北京：北京联合出版公司，2015.7

ISBN 978-7-5502-5785-6

Ⅰ.①我… Ⅱ.①科… Ⅲ.①心理压力—心理调节—通俗读物
Ⅳ.①B842.6-49

中国版本图书馆CIP数据核字(2015)第167911号
版权登记号：01-2015-4498

Meditation Colouring Book
Copyright © Arcturus Holdings Limited

我想静静

项目策划	紫图图书 ZITO®
丛书主编	黄利　监制　万夏
主　　编	[英]佩萱丝·科斯特
责任编辑	李艳芬　王巍
特约编辑	宣佳丽　刘长娥　李莲莹
装帧设计	紫图图书 ZITO®
封面设计	紫图装帧

北京联合出版公司出版
（北京市西城区德外大街83号楼9层　100088）
北京中科印刷有限公司印刷　新华书店经销
10千字　787毫米×1092毫米　1/12　11印张
2015年7月第1版　2015年7月第1次印刷
ISBN 978-7-5502-5785-6
定价：39.90元

《奇幻梦境》

一本漫游奇境的手绘涂色书
取材世纪经典童话《爱丽丝梦游仙境》，
市面唯一有故事情节的涂色书。
装帧设计采用裸背线装，轻松摊开，方便涂色。
恢弘跨页大图，全景呈现瑰丽色彩。

出版社：北京联合出版公司
定价：49.9 元　出版日期：2015-7

《爱的秘密》

如果你已有了 TA，这本书一定要送给 TA；
如果未曾遇到 TA，你可以涂好对 TA 的期盼，
遇见 TA，送给 TA，告诉 TA："终于等到你，
还好没放弃。"

出版社：时代文艺出版社
定价：52.1 元　出版日期：2015-8

《亲爱的宝贝》

风靡妈妈圈的韩国涂色经典，国内第一本
胎教涂色书。它让孕妈妈减压不焦虑，还
能缓解产后忧郁；培养宝宝的艺术天赋和
创造力。

出版社：北京联合出版公司
定价：49.9 元　出版日期：2015-7

《如果想念有颜色》

60 余幅风格清新、充满希腊风情的线条白描
图画，每幅图配以温暖动人的文字，让你在
涂色过程中，缓解压力，带着自己的心灵去
希腊寻找当初的爱恋。

出版社：时代文艺出版社
定价：49.9 元　出版日期：2015-9

《美女与野兽》

一本属于自己的童话爱情涂色书，取材于唯
一荣获奥斯卡金像奖提名的经典童话《美女
与野兽》，边读故事边涂色。重温经典的同时，
从故事中学会爱与勇气，提升对生活的审美。
特邀中央美院教师专门指导涂色技巧。

出版社：时代文艺出版社
定价：49.9 元　出版日期：2015-8

《神奇的曼陀罗 莲花》

《神奇的曼陀罗》姊妹篇，
手绘曼陀罗莲花唯美经典涂色书，
有效平缓情绪，让信念如莲花次第盛开！
独创环装设计，可任意展开携带！

出版社：北京联合出版公司
定价：45 元　出版日期：2015-7

紫图·涂色书　在方寸间让想象力自由驰骋

同步上市

《我想静静》
一本平复内心的涂色书
本书精选多幅曼陀罗等抽象图案，并配以优美诗文。曼陀罗象征自由、和谐的境界，能让绘者在不自觉的涂色当中安静下来，享受静谧的时光，既缓解了疲劳，放松了头脑和身心，同时又能创作出自己美丽的艺术品。

出版社：北京联合出版公司
定价：39.9元　　开本：12开
出版日期：2015-8
书号：978-7-5502-5785-6

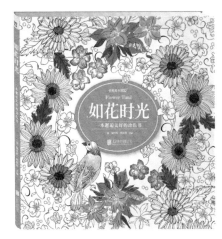

《如花时光》
一本邂逅美好的涂色书
出版社：北京联合出版公司
定价：39.9元
出版日期：2015-8
书号：978-7-5502-5783-2

《遇见莲花》
一本给你力量的涂色书
出版社：北京联合出版公司
定价：39.9元
出版日期：2015-8
书号：978-7-5502-5786-3

《水晶奇缘》
一本纯净心灵的涂色书
出版社：北京联合出版公司
定价：39.9元
出版日期：2015-8
书号：978-7-5502-5784-9

《绿野仙踪》
一本回归自然的涂色书
出版社：北京联合出版公司
定价：39.9元
出版日期：2015-8
书号：978-7-5502-5782-5